NOTICE

SUR

LA GUÉRISON

DE

MLLE VALENTINE CREUZÉ

RELIGIEUSE

AU MONASTÈRE DES SŒURS DOMINICAINES

A CHINON.

CHATELLERAULT

IMPRIMERIE BICHON FRÈRES.

1878

NOTICE

SUR

LA GUÉRISON

DE

MLLE VALENTINE CREUZÉ

RELIGIEUSE

AU MONASTÈRE DES SŒURS DOMINICAINES

A CHINON.

CHATELLERAULT

IMPRIMERIE BICHON FRÈRES.

—

1878

Nous n'avons pas oublié la guérison miraculeuse de Mlle *Valentine Creuzé, maintenant religieuse au monastère des Sœurs Dominicaines de Chinon, sous le nom de sœur Marie-Thérèse de Saint-Dominique.*

Plusieurs personnes désiraient avoir les détails de cette guérison si inattendue et qui porte tout le caractère d'une guérison miraculeuse. Jusqu'à présent la sœur Marie-Thérèse renfermait en elle-même les sentiments de reconnaissance dont son âme était remplie. Aujourd'hui, comprenant combien la grâce extraordinaire qu'elle avait reçue pouvait accroître dans bien des cœurs l'amour et la confiance au Cœur sacré de Jésus et à la bienheureuse Vierge de Lourdes, elle nous a autorisé à publier cette courte notice, que nous offrons à sa famille et à ses nombreux amis.

A.....

Gloire au Sacré-Cœur de Jésus.
Gloire à la Vierge Immaculée de Lourdes.

Chinon, le 15 Février 1878.

Mon très-révérend Père,

Je ne puis tenir plus longtemps les faveurs insignes que Marie Immaculée, Notre Dame de Lourdes, m'a obtenues du Cœur Sacré de Jésus depuis le 16 juillet 1876.

J'avais espéré jusqu'à ce jour qu'une voix plus autorisée et surtout plus exercée que la mienne voudrait bien se charger de cette relation ; mais voyant le temps s'écouler et la gloire de Marie retardée, je me prosterne humblement aux pieds de N. D. de Lourdes et lui dis sincèrement : *Dignare me laudare te virgo sacrata.*

Ainsi que vous en pouvez juger par la copie du certificat ci-joint, et auquel, je crois, il n'y a rien à ajouter, mon état était sinon désespéré, du moins donnait de grandes craintes. Depuis le mois de novembre 1875 surtout, il ne fallait plus songer à remuer les couches où j'étais posée, et à cet effet on m'avait procuré un lit mécanique afin de soulager les personnes préposées à mes soins.

La jambe gauche était entièrement repliée, et à la fin de mai 1876 il fut question d'en faire la tension. On dut remettre l'opération pour des raisons personnelles. Il y avait répulsion pour toute sorte de nourriture, et les repas étaient si insignifiants qu'on se demandait comment je pouvais bien vivre. Rester 24 heures sans *prendre même une goutte d'eau* était *presque l'ordinaire*. La faiblesse, résultat de ce régime, pouvait donc à elle seule constituer l'état morbide. Je ne pouvais plus supporter aucun remède, et d'ailleurs ils n'apportaient aucun soulagement à mes grandes souffrances.

Au mois d'avril 1876, le grand organisateur des pèlerinages à Marie Immaculée, notre commun ami, M. de Montbron, vint à Châtellerault étudier quel serait le concours de notre ville si on réalisait le pèlerinage annuel à Lourdes. Il trouva un faible écho parmi notre clergé, qui, soit crainte ou timidité, n'osa rien promettre. J'avais tant désir que ce pieux voyage réussit, et je me sentais si poussée à cette œuvre, que je promis à M. de Montbron de m'employer autant que je le pourrais, d'en parler à toutes les nombreuses personnes et amies qui avaient la charité de me venir voir. En un mot, je me fis, de mon lit, l'apôtre de cette dévotion. Mais toujours fille d'Ève, je voulais *un signe*, un miracle, et dans ma témérité je me promis de désigner telle malade, telle infirme qui pouvaient bien tenter le voyage et surtout le succès; des circonstances indépendantes de leur volonté les empêchèrent de partir.

Pas un seul instant je n'ai pensé à ma guérison. J'avais toujours tant redouté un miracle en ma faveur! Puis en conscience, pouvais-je prétendre à cette préférence de Dieu? moi qui ne le savais

pas prier et qui savais encore moins le servir.....
Afin d'encourager les fidèles au pèlerinage, je priai la supérieure de l'Orphelinat d'envoyer à mon compte deux sœurs et deux orphelines, à son choix, mais avec mission de ne demander rien autre chose : que la soumission à la T.-S. volonté de Dieu. D'autres personnes suivirent cet exemple et envoyèrent à leur place des enfants de l'Orphelinat qui bientôt se firent inscrire au nombre de douze et deux religieuses. Les Châtelleraudais vinrent à l'envi retenir leurs places, et même on dut en remettre plusieurs à une autre année.

Malgré mon état d'infirmités, j'avais entrepris de broder une bannière que les orphelines devaient porter à Lourdes et qui devait servir à les rallier parmi la foule immense que la fête du couronnement de Marie Immaculée faisait accourir de tous les points du globe. Trois jours avant le départ, la bannière à moitié achevée, je fus si souffrante que, dans mon impossibilité de travailler, je dis à Marie : « O ma bonne Mère, vous voyez mon impuissance, si réellement vous voulez que les enfants emportent cette image de vous, finissez-là, aidez-moi, je vous l'abandonne. » Je ne sais plus ce qui se passa, mais pour sûr la bannière fut finie, montée, et partit le dimanche matin, 1ᵉʳ juillet, avec le petit troupeau qu'elle gardait ; et personne n'y travailla que moi. Les religieuses et les enfants, tant celles qui restaient que celles qui partaient, avaient commencé le matin même, à mon insu, une neuvaine pour ma guérison, contre mes désirs. Un détail qui a, je crois, son importance : c'est qu'une des deux petites filles qui voyageaient pour moi commença à vomir depuis Poitiers jusqu'à Lourdes. La pauvre enfant fut si fatiguée que la sœur directrice songea à la laisser à Bordeaux chez les Filles de la Sagesse, qui devaient venir à la gare voir passer leurs sœurs; on ne dut renoncer à cet arrangement que devant le chagrin de la pauvre petite Amélie, qui se trouvait encore toute heureuse de souffrir pour Mademoiselle. La chère enfant fut privée de la cérémonie du couronnement de la statue, ayant dû se mettre au lit en arrivant à Lourdes. Elle ajouta de tout son cœur ce sacrifice à sa souffrance, toujours mûe d'une immense charité pour moi.

Pendant ce temps, à Châtellerault, on essayait à me procurer un peu de soulagement en faisant le lit par le moyen mécanique indiqué plus haut. Le lendemain je devais recevoir la Sainte Communion; chose remarquable, il n'y eut pas de vomissements; c'était la première fois depuis *cinq ans*. Nous rendîmes grâce à Dieu, mais timidement et sans oser même en parler, puis nous continuâmes la neuvaine au Sacré-Cœur de Jésus, qui consistait à dire trois fois par jours : 1° le *Souvenez-vous au Sacré-Cœur*; 2° le *Memorare o piissima*; 3° *Ave Maria*; 4° *Invocations à Marie Immaculée*. On m'appliquait des compresses, on me faisait des frictions en forme de croix, avec de l'eau de Lourdes, et je prenais une cuillère à café de la même eau. A la grotte, les enfants prièrent avec tant d'instance qu'elles avaient comme un pressentiment de ma guérison, et furent fort désappointées, le jeudi, de ne point me trouver à la gare au-devant d'elles. Cependant elles ne se découragèrent pas et continuèrent la neuvaine avec persévérance. Moi-même je ne pouvais me décider à la terminer, et lorsque j'en eus fini une, je recommençais encore sans me lasser, mais aussi sans demander autre chose que la soumission à la très-sainte volonté de Dieu et tout pour sa plus grande gloire. Le 13 juillet nous récitâmes les prières comme les autres jours, et à l'exercice de l'après-midi je fus si fatiguée de m'être prêtée aux frictions, que ma garde craignit un instant, et me dit formellement : « Dieu n'en demande pas tant; dorénavant, vous n'essaierez plus à vous remuer, c'est trop vous exposer. » J'entendis ces paroles mais sans les commenter, j'étais trop profondément absorbée dans un ordre d'en Haut, que je ne comprenais pas et dont l'heure de le comprendre n'était pas encore sonnée.

Mon confesseur me vint voir, et, me trouvant si souffrante, il me dit : « Pourquoi ne demanderiez-vous pas votre guérison ? » Je le regardais toute surprise et lui répondis sincèrement : demander ma guérison ! oh, non; je ne demande que la volonté de Dieu (j'avoue qu'alors j'espérais mourir bientôt). — « Vous avez raison, mon enfant, me dit M. le curé, c'est plus parfait. » Puis je le priai de me confesser. Ma confession achevée, M. le curé me dit fermement : « Il faut demander votre guérison... Vous le ferez par obéissance. » Je ne pus rien répliquer. J'étais abasourdie, et d'ailleurs l'obéissance m'imposait silence.

Il était alors 7 heures du soir, jeudi 13 juillet.

La nuit se passa sans sommeil, mais dans un calme que rien ne pouvait augmenter et que rien ne pouvait ôter. Le vendredi, entendant sonner la sainte messe, je demandai mon livre afin de m'unir et d'intention et de prières au saint sacrifice. Arrivée au *memento* des vivants, je formulai la demande de ma guérison, m'empressant d'ajouter : Mon Dieu, vous le savez, c'est par obéissance. J'avais besoin de cette parole d'excuse, je venais de m'apercevoir que je n'avais jamais prié pour moi ; puis je fondis en larmes au point de ne plus pouvoir continuer ma prière. Je me sentais comme une condamnée, n'osant lever les yeux sur mon christ ni vers ma vierge. Toute la journée se passa dans ce même état de confusion, aucun trouble ne pouvait s'y mêler : j'avais obéi.

Le samedi, à la même heure, et dans les mêmes conditions, je refis ma demande; peut-être cependant fut-elle un peu moins timide. Trois fois le jour, nous redisions les mêmes prières et invocations, sans oublier les frictions, lotions d'eau de Lourdes, et si extrêmes furent les souffrances après les frictions, que le soir en retombant comme anéantie sur l'oreiller, je balbutiai : Mon Dieu ! il faut que cela finisse d'une façon ou d'une autre. Puis me repentant de ma lâcheté, j'ajoutai bien vite : votre sainte volonté, mon Dieu ! votre sainte volonté !!! Les compresses d'eau de Lourdes qu'on appliquait sur le côté me produisaient une telle sensation de brûlure que je les comparais à la douleur d'un vésicatoire, comme aussi la même eau prise en boisson me procurait un tel rafraîchissement dans tout mon être, qu'après l'avoir prise je me sentais profondément absorbée : Je n'y étais plus.

Le dimanche 16 juillet, fête de Notre-Dame du Mont-Carmel, en lisant les prières de la sainte messe, mon esprit envahi d'un profond recueillement, vit sans aucun nuage l'acte de puissante bonté que Dieu me préparait avec tant de tendresse. Je crus comprendre que c'était là l'essai que Dieu réclamait pour exercer sa puissance sur ma faiblesse. Je dis avec peine les actes de foi, d'amour, d'abandon, de soumission ! L'heure était solennelle, je laissai Dieu agir en moi et par moi ; mon âme était entrée dans une si grande paix, une si vive allégresse, que la jubilation était visible, et cet état n'échappait pas aux personnes qui m'entouraient. Pendant l'heure des vêpres, 2 heures et demie, je dis avec force à ma gouvernante : « Je veux me lever. » — Ma fille, dit-elle, je ferai tout ce que vous voudrez. Et prévoyant la responsabilité de ce qui en arriverait, elle s'écria les mains et le regard vers le ciel : Mon Dieu ! aidez-nous !!! Au lieu de chercher, comme de coutume, les cordes, les sangles et tous les appareils nécessaires au lever, elle m'apporta une jupe et une paire de bas. Je demeurai stupéfaite de me voir si bien devinée. En cas d'accident je fis placer des chaises et fauteuils autour de mon lit, mais toute mesure prise en faveur de la jambe retirée fut inutile. En posant le pied à terre, je dis mon acte de foi qui fut plutôt un cri, tant j'aurais voulu le faire entendre au monde entier. Puis pénétrant plus avant dans la volonté de mon Dieu, je m'écriai : O bonté suprême, vous le savez, je veux tout ce que vous voulez ! vous seul ! tout pour vous seul ! rien que vous ! pour moi rien ! rien ! Et me relevant je ne marchais pas... je courais... Je retombai à genoux faisant du plus profond de mon cœur un acte de contrition, non par la pensée de mourir, mais comme purification en face d'une aussi insigne faveur. Puis, je vins m'agenouiller aux pieds de ma Vierge, témoin depuis vingt ans de toutes mes misères et tribulations et récitai les prières de la neuvaine. Ma bonne dans la première émotion crut que j'étais aux prises avec la mort, et que j'allais passer entre ses bras ; mais le bonheur succédant à cette impression, nous confondions ensemble, nos prières et nos larmes. A sa demande je me remis au lit, pendant qu'elle allait prévenir les sœurs, et demander des actions de grâce. Pendant son absence je me relevai toute seule, pour prier encore et toujours ; là seulement mon cœur, mon âme trouvaient leur épanchement. J'étais guérie ! bien guérie ! ce malheureux corps perclus de tous ses membres depuis si longtemps, était revenu à la vie et agissait comme si jamais il n'eut été malade. La nouvelle de ma guérison instantanée se répandit bien vite dans toute la ville ; il est impossible de dire la foule de personnes qui s'empressa de m'apporter ses félicitations sur un retour à la santé aussi inespéré.

Toutes ces manifestations ne pouvaient m'arracher au recueillement intérieur qui inondait mon âme; et c'est à partir de cette heure que je ressentis une soif ardente des âmes, un besoin immense de les amener vers mon Dieu. Je me sentais si impuissante pour louer, bénir, aimer une telle bonté qu'il m'aurait fallu le monde entier pour le lui consacrer; moins encore pour le bienfait de ma guérison, que pour les dons intimes dont je me sentais enivrée.

Le lundi j'eus le bonheur d'entendre la sainte-messe dans la chapelle de l'orphelinat, il y avait six ans que j'étais privée de ce bonheur.

Le jeudi, sa Grandeur Monseigneur Mermilliod daigna me visiter et voulu bien le vendredi dire lui-même une messe d'action de grâces dans la principale église de notre ville. Quinze jours après je partis pour Lourdes, où je restai trois jours...

Voici des détails bien longs mon très-révérend Père, et cependant j'abrége le plus possible, ne vous donnant que ce qui peut intéresser ou édifier vos nombreux lecteurs.

Il me reste encore à vous dire la faveur la plus insigne que Dieu dans son infinie bonté a daigné m'accorder le 5 avril 1877, je fus admise au couvent du Sacré Cœur de Marie, chez les religieuses dominicaines (Grand ordre) à Chinon.

Le 8 juin fête du Sacré-Cœur de Jésus, je fus revêtue de la blanche livrée de Marie et je me prépare à prononcer mes vœux de religion cette année au même jour de la fête du Sacré-Cœur de Jésus (28 juin).

Je vous prie, mon révérend Père de demander pour moi, et avec moi, la grâce de me bien préparer à cette grande action, et d'y correspondre toujours.

Si Marie a daigné présenter à son divin Fils, les supplications de sa petite servante, j'ose espérer que le ministre de Jésus-Christ voudra bien m'aider à les remercier pour tant de bienfaits !!!

Que Marie Immaculée soit de plus en plus bénie et aimée de tous les cœurs !!! Amen à jamais amen !...

VALENTINE CREUZÉ,

en religion sœur Marie-Thérèse de St-Dominique.

COPIE DU CERTIFICAT DE GUÉRISON.

Je soussigné, Jules Mascarel, docteur, médecin en chef de l'hôpital de Châtellerault, chevalier de la Légion d'honneur, certifie que Mlle Valentine Creuzé, domiciliée à Châtellerault, était retenue non-seulement à la chambre, mais au lit, par une névrose générale localisée dans l'estomac et les entrailles. Les accidents étaient tels que pendant cinq années consécutives, aussitôt qu'on voulait faire lever Mlle Creuzé, ou même la faire asseoir sur son lit, elle était prise de vomissements incoercibles qui se prolongeaient souvent pendant 24 heures en lui donnant la fièvre.

Ces accidents, pendant cinq ans, ont résisté à tous les moyens possibles et imaginables, tels que : le fer, le feu, l'eau, et tous les calmants de la pharmacie. Enfin, après une neuvaine à N.-D. de Lourdes, le 16 juillet 1876, tous les accidents ont cédé instantanément; et depuis cette époque, non-seulement il n'y a plus de vomissements, mais Mlle Creuzé a repris toutes les habitudes de la vie ordinaire; elle va, elle vient, travaille, et se porte très-bien. Il y avait aussi fluxion de la jambe gauche et impossibilité de l'allonger.

Châtellerault, le 16 décembre 1876.

Signé : JULES MASCAREL.

M. P.

Pour copie conforme :
VALENTINE CREUZÉ.

CHATELLERAULT. — IMP. BICHON FRÈRES. 5-78.

www.ingramcontent.com/pod-product-compliance
Lightning Source LLC
Chambersburg PA
CBHW061613040426
42450CB00010B/2463